W0074861

64 Seiten gegen Burnout

Sigrid Engelbrecht

64 Seiten
gegen
Burnout

Die kleine Sofort-Hilfe

KREUZ

Inhalt

Einleitung

Fühlen Sie sich auch manchmal überfordert? Von der Vielzahl der Aufgaben, die es zu erledigen gilt? Von den Erwartungen Ihrer Familie, Ihres Chefs, Ihrer Kollegen? Von Projekten, bei denen nichts vorwärts gehen will? Es gibt immer mal wieder Tage, die nur aus Ärger, Druck und Frustration zu bestehen scheinen.

Wahrscheinlich stecken Sie solche Zeiten extremer Anspannung ganz gut weg, wenn dann Bewegung, Entspannung, ein schöner Ausflug mit Freunden und genügend Schlaf die Energie-Waage wieder ins Gleichgewicht bringen.

Wenn Überforderung aber zum Normalzustand wird, sollten die Alarmglocken schrillen!

Körper, Geist und Seele nehmen Dauerstress eine Weile hin – doch irgendwann klappt es nicht mehr. Dann fühlen Sie sich zusehends kraftloser, können sich schlecht konzentrieren und verlieren schließlich die Fähigkeit, sich zu erholen.

Lassen Sie es nicht so weit kommen! Wenn Sie spüren, dass Sie dabei sind, sich zu übernehmen, können Sie mit den Empfehlungen, Übungen und Tipps in diesem Buch gut gegensteuern.

1.

1. „Ausbrennen? Ich doch nicht!"

WIE ES ZUM BURNOUT KOMMT UND WARUM ES IMMER MEHR MENSCHEN TRIFFT

Burnout bezeichnet einen Zustand chronischer Erschöpfung – psychisch, mental, körperlich. Wenn ein Burnout-Prozess nicht aufgehalten wird, mündet er letztlich in somatische Folgeerkrankungen, in Depression, Verzweiflung und ein Gefühl genereller Sinnlosigkeit.

Es ist noch immer schwierig, das Burnout-Syndrom im medizinischen Sinne diagnostisch zu klassifizieren. Das liegt unter anderem daran, dass es eine große Bandbreite an Symptomen gibt. Auch über mögliche Ursachen der chronischen Erschöpfung herrscht in der Fachwelt weiter Uneinigkeit. Einige Faktoren sind jedoch bekannt.

URSACHEN FÜR BURNOUT

- ❗ Dauerstress, ständige Überlastung und Überforderung
- ❗ Mangel an Entspannung, Erholung und Regeneration
- ❗ Die Unfähigkeit, sich gegenüber Erwartungen anderer abzugrenzen
- ❗ Fortdauernde Frustrationen
- ❗ Mangelnde Wertschätzung des eigenen Einsatzes

Studien zufolge erhöht eine andauernde Überforderung in Verbindung mit mangelnder Entscheidungsbefugnis, ausbleibender Anerkennung und einem schlechten kollegialen oder auch häuslichen Klima die Wahrscheinlichkeit, auszubrennen.

Ein Burnout-Prozess wird von Ängsten und depressiven Verstimmungen begleitet. Gesundheitsstatistiken belegen, dass jeder Dritte in seinem Leben einmal wegen einer Depression, einer Angststörung oder einem anderen psychischen Leiden zum Arzt geht, Tendenz steigend. Psychische Erkrankungen sind immer häufiger auch Grund für Krankschreibungen.

Einer aktuellen Studie zufolge hat die Anzahl der Krankschreibungen aufgrund eines Burnout seit 2004 um 700 Prozent (!) zugenommen. Für Österreich und die Schweiz liegen ähnliche Zahlen vor.

Sie sind nicht alleine!

Wenn Sie das Gefühl haben, dass Ihnen alles zu viel wird, stehen Sie damit also nicht alleine da. Erschreckend vielen Menschen geht es so. Das ist natürlich kein Trost, zeigt aber, dass chronische Erschöpfung kein Zeichen persönlichen Versagens ist, sondern ein gesamtgesellschaftliches Phänomen, dem man entgegensteuern muss.

NEHMEN SIE IHRE ÜBERLASTUNG ERNST

Es bringt nichts, Symptome der Überforderung zu ignorieren. Sie brauchen es sich auch nicht als Makel ankreiden, wenn Sie mit den eigenen Grenzen konfrontiert werden. Stellen Sie sich lieber die folgenden Fragen:

- ❓ Was kann ich tun, um der chronischen Erschöpfung vorzubeugen?

- ❓ Welche Abläufe in meinem Alltagsleben gilt es zu verändern?

- ❓ Wie kann ich für mehr Erholung und Entspannung sorgen?

- ❓ Wo muss ich Abstriche machen und mich auf das Wesentliche konzentrieren?

- ❓ Welche Erwartungen gilt es loszulassen?

- ❓ Wo tue ich gut daran, mich stärker abzugrenzen?

2.

2. Selbsthilfe und Alltagsfluchten

RECHTZEITIG GEGENSTEUERN

Je frühzeitiger Sie gegensteuern, desto besser! Doch was kann darauf hinweisen, dass ein Burnout-Prozess eingesetzt hat?

Das Tückische am Burnout ist ja, dass sich dieser Prozess schleichend, anfangs nahezu unmerklich vollzieht und dass viele Begleitsymptome nicht eindeutig zuzuordnen sind. Häufige Kopfschmerzen beispielsweise können ein Indiz sein – können aber genauso gut andere Ursachen haben.

Schauen Sie genau hin – bei sich selbst, aber auch bei den Menschen in Ihrem Umfeld.

Wer zum Beispiel zunehmend Konzentrationsstörungen hat, nachts nicht mehr zur Ruhe kommt und auch an freien Tagen große Schwierigkeiten hat, abzuschalten und sich zu erholen, der zeigt möglicherweise erste Anzeichen chronischer Erschöpfung.

WARNSIGNALE FÜR BURNOUT

Körperliche Signale:

❗ Muskelverspannungen

❗ Kopfschmerzen, Gliederschmerzen

❗ Magen-Darm-Beschwerden

❗ Herz-Kreislauf-Probleme

❗ Anhaltende Schlafstörungen

❗ Häufige Erkältungen und/oder andere Infektionen

Psychische und mentale Signale:

❗ Abbau der kognitiven Leistungsfähigkeit, nachlassende Kreativität

❗ Andauernde innere Unruhe, Nicht-loslassen-Können

❗ Zunehmende Vergesslichkeit

❗ Starke Stimmungsschwankungen, Reizbarkeit

❗ Diffuse Angstgefühle

❗ Depressive Verstimmungen, Gefühl der Sinnlosigkeit und der Ausweglosigkeit

❗ Starkes Rückzugsbedürfnis

Oft verdrängt man solche Veränderungen im Denken, Fühlen und Verhalten und ignoriert die körperlichen Symptome so gut es geht – aber das ist der falsche Weg!

Burnout = Folge von Dauerstress

Burnout resultiert aus dauerhaftem Stress, verbunden mit dem Gefühl, überfordert zu sein. Zu wenig Zeit für zu vieles, was erledigt werden soll, zu wenige Informationen oder mangelhafte Kenntnisse – oft all dies in Kombination. Kommt es dann zu Fehlern oder unvorhergesehenen Schwierigkeiten, verschärft sich die Lage.

Die Folge: Wir reagieren automatisch mit einer akuten Stressreaktion.

DIE STRESSREAKTION

Unser Körper reagiert so, wie er seit Urzeiten auf Stress reagiert hat: Er aktiviert eine Überlebensfunktion, die uns in Höchstleistungsbereitschaft versetzt. Die Stresshormone Adrenalin, Noradrenalin und Cortisol werden ausgeschüttet:

● Der Puls schnellt hoch,

● Haut- und Schleimhautgefäße verengen sich,

● der Blutdruck und auch der Blutzuckerspiegel steigen an,

● die Sekretion der Speicheldrüsen wird gedrosselt; trockener Mund,

● die Muskelspannung erhöht sich.

Unsere Stressreaktion erfolgt, wenn wir einen anderen Menschen oder eine Situation als bedrohlich für unser Wohlbefinden oder auch unser Selbstwertgefühl ansehen. Während in Urzeiten sofort ein körperliches Ausagieren folgte – kämpfen oder fliehen – und damit der Stresshormonspiegel wieder sinken konnte, läuft heute der Stoffwechsel auf Hochtouren weiter, während wir am Schreibtisch sitzen und nur die Finger auf der Tastatur bewegen.

Es ist gefährlich, auf dem Stress „sitzen zu bleiben"!

Langfristig schwächt Stress, der nicht durch Bewegung und Erholung abgebaut wird, unseren Organismus: das Herz, das Immunsystem und auch die Psyche. In einer Stresssituation spielen meist innere und äußere Faktoren eine Rolle. Situationsbedingte Gegebenheiten wie Zeit- und Termindruck, Arbeitsüberlastung oder zwischenmenschliche Konflikte treffen auf entsprechende Einstellungen und Überzeugungen in uns selbst.

DIE INNEREN ANTREIBER

→ *Ich muss schnell machen!*

→ *Ich muss immer perfekte Leistungen bringen.*

→ *Ich darf anderen nichts abschlagen.*

Individuell reagieren wir auf Belastungen und auf Überforderung sehr unterschied-
lich, sowohl was unser Empfinden als auch was unser Verhalten angeht.
Zwei Faktoren spielen dabei eine Rolle:

➔ die persönliche Alarmbereitschaft,

➔ unsere Erwartungen an uns selbst und andere.

Die gleiche Situation kann bei zwei Menschen ganz unterschiedliche Reaktionen her-
vorrufen. Der eine ist empfindsam und reagiert bereits bei wenig Stress „elektrisiert",
während ein anderer die Dinge eher gelassen sieht und auch mit herausfordernden
Situationen gut umgehen kann.
Eine ebenso große Rolle spielen unsere ganz individuellen Erwartungen an andere
und an uns selbst.

Perfektionisten
geraten unter Stress, wenn Situationen unübersichtlich werden.

Harmoniebedürftige
geraten unter Stress, wenn Konflikte mit anderen drohen.

Ungeduldige
geraten unter Stress, wenn es zu unerwarteten Verzögerungen kommt.

3.

3. Drei kleine Schritte zur großen Veränderung

VOM ZUVIEL ZUR BALANCE

Wenn wir uns überlastet fühlen, verlieren wir oft den Sinn dafür, was uns wirklich wichtig ist und uns langfristig glücklich und zufrieden stimmt. Bestrebt, allen Anforderungen gleichermaßen gerecht zu werden, sind wir in Gefahr, gerade die Dinge, die uns Energie und Lebensfreude geben, zu vernachlässigen.

Wenn Sie zurück zu einer gesunden Lebensbalance finden wollen, setzen Sie am besten bei den drei „E"s an:

Erkenntnis.
Kritische Reflexion des eigenen Lebens- und Arbeitsstils,
Felder der Überforderung ausfindig machen.

Erholung.
Wichtigen Bedürfnissen wieder Raum geben,
für genügend Bewegung und Entspannung sorgen.

Entlastung.
Entbehrliches streichen, Aufgaben delegieren, konsequentes Nein zu Ansinnen,
die dazu führen würden, sich zu überlasten und zu überfordern.

ERKENNTNIS.

Finden Sie heraus, welche der hauptsächlichen Anforderungen in Ihrem Berufs- und Privatleben Ihnen am meisten zu schaffen machen. Was empfinden Sie als die größten Stressfaktoren in Ihrem Leben? Was bringt Sie am meisten aus dem Gleichgewicht?

Anforderung	Dem fühle ich mich gut gewachsen	Das fordert mir viel Energie ab	Davon fühle ich mich häufig überfordert
1			
2			
3			
4			
5			
6			
7			

ERHOLUNG.

Welche meiner Bedürfnisse kommen zu kurz? Für unser Wohlbefinden zu sorgen ist kein Luxus, sondern eine Notwendigkeit. Tun wir dies nicht, verlieren wir unsere Motivation und Leistungsfähigkeit.

❓ Was von dem, was ich früher gern getan habe, würde ich auch heute gerne wieder tun?

❓ Wobei kann ich mich gut entspannen?

❓ Was wollte ich schon immer mal machen?

❓ Was tut mir gut und erhält mich gesund und fit?

ENTLASTUNG.

Um tatsächlich Energie und Lebensfreude wiederzugewinnen, gilt es, nicht beim Wissen stehen zu bleiben, sondern das Erkannte umzusetzen. Welche konkreten Maßnahmen leiten Sie in die Wege, um sich von dem zu entlasten, was Sie überfordert, und dem mehr Raum zu geben, was Sie entspannt und Ihnen Freude macht? Welche Veränderungen wollen Sie herbeiführen?

Was werde ich ganz konkret tun?	Bis wann werde ich es getan haben?	Was ist der erste kleine Schritt in diese Richtung?	Wann fange ich an?
1			
2			
3			

Lassen Sie zwischen Entschluss und Umsetzung des ersten kleinen Schritts möglichst wenig Zeit verstreichen. Alles, was wir länger als zwei Tage vor uns herschieben, gerät leicht in die Abteilung „Irgendwann mal". Wählen Sie lieber den ersten Schritt so klein, dass Sie ihn umgehend umsetzen können.

Nachhaltigkeit statt Schnelligkeit

Es braucht Achtsamkeit und Zeit, um einer drohenden oder auch schon bestehenden Überforderung Einhalt zu gebieten. Achtsamkeit und Zeit, um herauszufinden, wie die eigenen Potenziale, Fähigkeiten und Talente künftig mit den Anforderungen besser in Einklang gebracht werden können.

Wenn Sie die schlimmsten Stressquellen entschärft und sich mehr Zeit für Erholung und Entspannung nehmen, ist schon einmal viel geschafft.

Bis Ihre Maßnahmen zum Gegensteuern wirksam werden, bedarf es ebenfalls einiger Zeit – schließlich sind Sie auch nicht von jetzt auf gleich in die Überforderung hineingerutscht, sondern haben langsam immer mehr Lebensenergie abgebaut. So wie der Organismus einiges hinnimmt, bis er protestiert, braucht er auch Zeit, sich zu regenerieren.

Haben Sie Verständnis für sich und gönnen Sie sich diese Zeit!

4.

4. Zehn Anti-Burnout-Impulse

SO SORGEN SIE FÜR DEN NÖTIGEN ABSTAND IM ALLTAG

Wenn wir viel zu erledigen haben, fühlen wir uns oft wie in einer Tretmühle. Erst müssen wir dies machen, dann das, dann jenes ... Ein immerwährender Mahlstrom von Aufgaben, die alle möglichst rasch vom Tisch sollen, Termine, die einander jagen, Unterbrechungen, Verzögerungen.

Wenn wir einen vollen Tag haben, ist es besonders wichtig, nicht kopflos zu werden und zu glauben, die Lösung sei es, noch schneller zu werden.

Gehen Sie immer mal wieder auf Abstand und sorgen Sie für Erholung und Entspannung zwischendurch – und lassen Sie am Abend die Arbeit konsequent am Arbeitsplatz zurück. Die folgenden Impulse helfen dabei, mehr Ruhe in die alltäglichen Abläufe zu bringen.

ZEHN ANTI-BURNOUT-IMPULSE

GEWAHRSEIN.

➜ *Nehmen Sie sich einen Notizzettel zur Hand* und schreiben Sie fünf Minuten lang stichpunktartig auf, wie Sie sich gerade fühlen. Wie geht's Ihrem Kopf? Ihrem Bauch? Den Händen und Füßen? Wie fließt Ihr Atem?

Schreiben Sie auf, was Sie spüren, Körperteil für Körperteil. Halten Sie alle Empfindungen fest, ohne sie zu werten. Verwenden Sie Adjektive wie: eng/weit, weich/hart, kalt/kühl/warm/heiß, angespannt/entspannt, steif/elastisch usw.

Beenden Sie die Übung, indem Sie sich recken und strecken und herzhaft gähnen.

ECHTE STILLE.

➜ *Reservieren Sie sich täglich etwa zehn Minuten echter Stille.* Dies bedeutet: Kein Radio oder Fernsehen, kein Computerbildschirm, kein Gespräch, einfach nur da sein, beispielsweise im Garten, in einem Park oder auch in einem abgeschiedenen Raum. Lassen Sie Ihre Gedanken kommen und gehen. Wenn Sie das Bedürfnis haben, tief durchzuatmen, geben Sie ihm nach. Konzentrieren Sie sich auf dieses Gefühl der Stille. Spüren Sie, wie Sie allmählich zur Ruhe kommen.

DIE FITTE HALBE STUNDE.

➜ *Sport und körperliche Bewegung bauen Stresshormone im Körper ab* und fördern Entspannung und Gelassenheit. Wichtig dabei ist, regelmäßig aktiv zu sein. Täglich eine halbe Stunde etwas für die Fitness zu tun ist effektiver, als einmal im Monat mehrere Stunden im Fitnessstudio zu verbringen. Walken, Joggen, Schwimmen, Skaten, Radfahren, Tanzen – alle Ausdauersportarten eignen sich gut, die Stresshormonspiegel zu senken und die Endorphin- und Serotoninspeicher wieder zu füllen.

Gemeinsam fällt es leichter, die fitte halbe Stunde zur Gewohnheit werden zu lassen. Überlegen Sie, wen Sie als Sparringspartner dafür gewinnen können.

DAS STRESS-TAGEBUCH

➜ *Ein Stress-Tagebuch ist nicht zum Veröffentlichen bestimmt.* Es ist Ihr ganz privates Buch, in dem Sie all das niederschreiben, was Ihnen auf die Nerven fällt – ungeschminkt, direkt, authentisch. Sie müssen darin nicht positiv denken oder sich einreden, es sei alles nicht so schlimm.

Das Stress-Tagebuch ist vielmehr ein Ventil für Emotionen. Es gibt keine moralische Zensur, keine Schere im Kopf. Sie können jemanden darin eine miese Ratte nennen oder einen aufgeblasenen Frosch. Wenn Sie es so empfinden, empfinden Sie es eben so. Hier haben Ärger, Neid, Ängste und Verdruss ihren Platz. Vielleicht fällt es Ihnen am Anfang schwer, ehrlich zu sein, oder Sie wissen nicht genau, wie Sie das ausdrücken können, was Sie bewegt – machen Sie es einfach so gut Sie können. Verwenden Sie, wenn Sie mögen, dabei ruhig auch Skizzen, Symbole, Kritzeleien. Im Stress-Tagebuch entlasten Sie sich von bedrängenden Gefühlen. Dies wirkt beruhigend und befreiend.

5

KLEINE FLUCHTEN.

➔ *Bei großem Stress hilft oft nur die Flucht.* Statt zur Tagesordnung überzugehen, während in Ihrem Inneren Zorn, Angst und Ärger brodeln, schaffen Sie Abstand. Gehen Sie hinaus ins Freie, breiten Sie die Arme aus und schauen Sie in den Himmel, egal, wie das Wetter gerade sein mag. Atmen Sie tief durch und spüren Sie den Boden unter Ihren Füßen. Vergegenwärtigen Sie sich die Unendlichkeit des Firmaments über Ihnen. Gehen Sie in diesem Bewusstsein des festen Bodens zum einen und der Weite des Universums zum anderen einige Zeit einfach so vor sich hin. Ohne Ziel und bereit wahrzunehmen, was Ihnen begegnet: Bäume, Häuser, andere Menschen, Gräser, Asphalt, die Straßenbahn, ein Straßenschild, Rosenknospen. Vielleicht benetzt Regen Ihr Gesicht, vielleicht weht Ihnen ein frischer Wind entgegen, vielleicht scheint auch die Sonne warm auf Ihre Haut. Nehmen Sie nur wahr, was ist – als ein Bewusstseinspünktchen unter Milliarden anderer Bewusstseinspünktchen auf diesem Planeten. Wenn Sie dann zurückgehen, wird Ihnen das, was Sie geärgert oder beunruhigt hat, viel relativer erscheinen.

6

ENTSPANNUNG.

➔ *Lassen Sie locker, sobald Sie sich angespannt fühlen.* Prüfen Sie immer mal wieder, ob Sie Muskeln anspannen, die nicht zu dem benötigt werden, womit Sie gerade beschäftigt sind. Dann lassen Sie gezielt locker, indem Sie bei jedem Ausatmen ein wenig mehr von der unnötigen Anspannung loslassen.

Darüber hinaus gibt es verschiedene professionelle Entspannungsmethoden, die sich leicht erlernen lassen, wie beispielsweise das Autogene Training, Yoga, Qi Gong oder Tai Chi. Finden Sie heraus, welche Methode Ihnen liegt, und reservieren Sie sich eine bestimmte Übungszeit. Je besser Sie Ihre individuelle Balance zwischen Anspannung und Entspannung finden, desto leichter wird es Ihnen fallen, auch im Alltag immer mal wieder loszulassen.

7

MÜSSIGGANG.
➔ *Irgendetwas gibt es immer noch zu tun.* Sind Sie auch so daran gewöhnt, ständig beschäftigt zu sein, dass Sie prompt ein schlechtes Gewissen beschleicht, kaum dass Sie mal eine Viertelstunde ungenutzt verstreichen lassen? Lösen Sie sich von diesem Anspruch, in jeder Minute des Tages etwas Nützliches oder Produktives machen zu müssen. Wer ab und zu mal genussvoll herumtrödelt, hat zumindest kurzzeitig das angenehme Gefühl, über alle Zeit der Welt zu verfügen. Das macht locker, entspannt und schafft Freiräume für neue Ideen.

8

DER TÄGLICHE IMPULS-CHECK.
➔ *Besorgen Sie sich fünf etwa fingernagelgroße Klebepunkte* in einer Farbe Ihrer Wahl und platzieren Sie diese jeweils an einer Stelle, auf die Ihr Blick öfters mal fällt – beispielsweise Ihre Geldbörse, der Bildschirm Ihres PC, ein Regal neben Ihrem Schreibtisch etc.

Wenn einer der Punkte in Ihr Blickfeld kommt, nehmen Sie sich einen Augenblick Zeit und fragen sich:

❓ *Wie geht es mir gerade?*

❓ *Was möchte ich in diesem Augenblick tun, um mir das, womit ich beschäftigt bin, leichter zu machen?*

Achten Sie auf das, was Ihnen einfällt. Wenn es möglich ist, setzen Sie den Impuls in die Tat um. Nach einiger Zeit werden Sie Ihre Bedürfnisse, Wünsche und Impulse immer klarer wahrnehmen.

IHRE LIEBLINGSMUSIK – EIN BLITZURLAUB VOM ALLTAG.

➔ *Kaum ein anderes Medium wirkt so unmittelbar und direkt* auf unser Befinden ein wie Musik. Halten Sie für Stresssituationen eine CD mit Ihrer Lieblingsmusik bereit. Spielen Sie sie laut oder leise – wie Sie mögen und wie die Situation es zulässt. Wenn Sie alleine sind, wiegen Sie sich im Takt, summen Sie mit oder tanzen Sie. Tauchen Sie ganz in die Welt der Klänge ein. Lassen Sie die Gefühle zu, die die Musik in Ihnen wachruft, und geben Sie Ihnen Ausdruck durch Bewegungen. Wenn die Musik Sie ganz erfüllt, werden Ihre Gedanken mehr und mehr verblassen – und wenn Sie wieder „auftauchen", sind Sie erholt und erfrischt.

ABENDLICHER AUSKLANG.

➔ *Schaffen Sie sich ein immer gleiches Ritual,* das Ihren Feierabend einläutet. Das kann ein letzter Gang durchs Büro sein, bevor Sie abschließen, es kann eine bestimmte Musik sein, die Sie beim Heimkommen begleitet, oder drei tiefe Atemzüge, wenn Sie aus dem Gebäude ins Freie treten. Wichtig ist, diese kleine Geste automatisch damit zu verbinden, dass Sie mit dem Arbeitstag auch alle mit der Arbeit verbundenen Gedanken und Gefühle hinter sich lassen.

Gönnen Sie sich nach Feierabend bewusst die Dinge, die Sie mögen, die Sie entspannen und die Abstand zum Arbeitstag schaffen, zum Beispiel ein Gedankenaustausch mit Ihrem Partner, ein gemeinsamer Spaziergang, ein entspannendes Bad oder ein Treffen mit Freunden.

Geben Sie dem Tag einen besonderen Wohlfühlakzent und sorgen Sie für ausreichend Schlaf. Gerade in stressreichen Zeiten ist es wichtig, morgens gut ausgeschlafen zu sein. Nach acht bis zehn Stunden Schlaf können wir besser denken, sind konzentrierter und leistungsfähiger.

5.

5. Werden Sie milder mit sich selbst

SO HALTEN SIE IHRE INNEREN ANTREIBER IN SCHACH

Stress wird nicht allein durch die Arbeits- und Lebensbedingungen hervorgerufen, sondern auch durch die individuelle Wahrnehmung und Bewertung einer Situation. Dies wiederum bestimmt, was wir empfinden und wie wir uns verhalten.

Ob wir uns durch eine Situation eher gestresst oder angeregt fuhlen, hat vor allem damit zu tun, ob wir Möglichkeiten sehen, die Herausforderung zu bewältigen. Um das gefühlte Belastungsniveau zu reduzieren, ist es deshalb wichtig, den persönlichen Überzeugungen auf die Spur zu kommen, die Einfluss darauf nehmen, wie wir eine Situation interpretieren.

> „Es sind nicht die Dinge, die uns beunruhigen, sondern die Meinungen, die wir von den Dingen haben."
>
> Epiktet

Bei Gefühlen von Stress und Überlastung spielen kognitive Faktoren, wie unsere Überzeugungen, aber auch Wünsche und Ansprüche an uns selbst und andere eine nicht zu unterschätzende Rolle.

Sprechen Sie sich angesichts einer schwierigen Aufgabe Mut zu:

„Ich schaff das schon!"

„Irgendwie werde ich das hinkriegen."

„Ich mach das so gut ich es kann – und wenn das zu wenig ist, geht die Welt auch nicht unter."

So entwickeln Sie Zuversicht und bekommen die Herausforderung wahrscheinlich besser in den Griff als jemand, der sich sagt „Das schaffe ich nie", „Ich habe keine Chance" oder „Wenn ich hier scheitere, ist alles verloren!". Wenn wir uns im Vorfeld einer Herausforderung unter Druck setzen und uns selbst entmutigen, verstärken wir die Anspannung erheblich. Besser, sich selbst Mut zuzusprechen, so wie wir es auch bei einer guten Freundin oder einem guten Freund tun würden.

Beim Stress, den wir uns selbst machen, spielen meist auch die sogenannten „inneren Antreiber" mit. Dies sind Überzeugungen und Ansprüche an uns selbst, die wir im Laufe unseres Lebens – vor allem in der Kindheit – gelernt und verinnerlicht haben. Innere Antreiber sind an sich weder generell gut noch generell schlecht: Einerseits motivieren sie uns, doch andererseits behindern sie uns auch, nämlich dann, wenn sie überzogen sind und uns dazu bringen, gegen unsere Bedürfnisse und Interessen zu handeln.

„Ich muss immer für andere da sein."

„Ich mache alles selbst. Wenn ich mich auf andere verlasse, bin ich verlassen."

„Es gibt nichts Schlimmeres, als Fehler zu machen."

„Ich muss es allen recht machen."

„Nur wenn ich Spitzenleistungen bringe, werde ich anerkannt."

„Es ist wichtig, dass ich immer alles unter Kontrolle habe."

„Ich darf keine Schwäche zeigen."

„Ich darf nicht Nein sagen, sonst werde ich nicht mehr gemocht."

„Die Bedürfnisse anderer sind wichtiger als meine eigenen."

Überzogene, perfektionistische Ansprüche an sich selbst führen dann natürlich auch dazu, sich zu übernehmen. Doch was steckt dahinter?
Hinter diesen Verhaltensmustern stecken unterschwellige Ängste. Ängste davor:

→ *den Ansprüchen anderer nicht zu genügen,*

→ *zu versagen,*

→ *kritisiert oder für einen Fehler verantwortlich gemacht zu werden,*

→ *missachtet, zurückgewiesen oder abgelehnt zu werden.*

Um nicht mit diesen Ängsten konfrontiert zu werden, treiben wir uns an und überfordern uns. Doch spiegeln überzogene Ansprüche kaum je tatsächlich die Wirklichkeit wider. Vielmehr basieren sie auf Vermutungen und auf Erfahrungen, die oft Jahrzehnte zurückliegen und nie mehr wirklich überprüft wurden. Stattdessen wurden sie generalisiert und auf unterschiedlichste Situationen übertragen. Es ist nicht einfach, umzudenken, doch grundsätzlich können wir alle Überzeugungen und inneren Antreiber, die wir früher einmal verinnerlicht haben, auch wieder verlernen.

NEUE ÜBERZEUGUNGEN HEIMISCH MACHEN

Den inneren Antreibern begegnen Sie am besten, indem Sie deren Gültigkeit bezweifeln und sie durch neue, förderliche Überzeugungen ersetzen.

Finden Sie heraus, welche Überzeugungen und inneren Antreiber Sie in die Überforderung treiben.

Was kommt Ihnen ganz automatisch in den Kopf, wenn Sie mit einer Stresssituation konfrontiert werden?

Machen Sie sich eine alternative Überzeugung zu eigen, beispielsweise:

statt: „Ich muss alles alleine schaffen" etwas wie: „Ich darf mir Hilfe holen",
statt: „Ich muss es allen recht machen" etwas wie: „Ich darf auch Nein sagen, wenn mir etwas nicht passt".

Erproben und üben Sie die neue Überzeugung im Alltag:

➲ Schreiben Sie die neue Überzeugung auf und hängen Sie das Blatt in Sichtweite auf, so dass Ihr Blick immer wieder darauf fallen kann.

➲ Sprechen Sie sie mehrmals am Tag laut aus und nicken Sie dazu.

➲ Wiederholen Sie die neue Überzeugung vor dem Einschlafen und wiederholen Sie sie auch morgens nach dem Zähneputzen – und schenken Sie Ihrem Spiegelbild ein Lächeln.

6.

6. Fünf Energietank-Übungen für zwischendurch

PAUSE MACHEN, BEVOR SIE ERSCHÖPFT SIND

In der Regel brauchen wir nach 90 Minuten konzentrierter Arbeit eine Pause, um wieder neue Kräfte zu schöpfen, bei besonders anstrengenden Aufgaben sollten wir auch schon mal eher innehalten.

Regelmäßige Pausen sind kein Luxus, sondern halten uns fit und leistungsfähig.

Gestehen Sie sich also nicht erst dann eine Pause zu, wenn Sie bereits völlig ausgepowert sind, sondern schon vorher. Nehmen Sie sich Zeit zum Verschnaufen, auch wenn Sie glauben, keine Zeit dafür zu haben. Zwischen einzelnen Gesprächen, nach Besprechungen oder zwischen zwei Aufgaben gibt es sicherlich ein paar Minuten, in denen Sie Abstand finden und neue Kraft tanken können.

Widerstehen Sie der Versuchung, einfach sitzenzubleiben, E-Mails zu checken oder in einer Zeitschrift zu blättern. Das bringt keine echte Erholung. Wesentlich wirksamer sind Pausen, in denen Sie wirklich abschalten und loslassen können. Nachfolgend finden Sie fünf Vorschläge für solche Mini-Erholungen, die Ihren Energietank wieder füllen helfen.

DIE ATEMPAUSE

Atemübungen vitalisieren und versorgen das Gehirn mit mehr Sauerstoff. Probieren Sie es doch einmal mit der folgenden ganz einfachen Übung:
Öffnen Sie das Fenster und nehmen Sie einige Atemzüge. *Konzentrieren Sie sich dabei nur auf das Ausatmen.* Lassen Sie den Atem locker ausströmen, den letzten Rest mit einem „sssss" auf den Lippen. Dann lassen Sie den Impuls zum Einatmen von selber kommen, ohne zu forcieren. Und wieder konzentriert mit „sssss" ausatmen, Atem wieder kommen lassen. Atmen Sie so einige Male aus und ein und lassen Sie den Blick dabei auf einem Baum ruhen oder betrachten Sie den Himmel.
Gönnen Sie sich diese kleine Atempause einige Male am Tag. Sie lässt sich überall einsetzen: im Büro, zu Hause, unterwegs oder beim Warten auf die Bahn.

EINE MINUTE MEDITATION

Auch diese Übung ist ganz einfach zwischen zwei Arbeitsgängen unterzubringen. Nehmen Sie sich immer mal wieder am Tag eine Mini-Auszeit von jeweils nur einer Minute Dauer.
Setzen Sie sich aufrecht hin und legen Sie die Hände locker in den Schoß. Schließen Sie die Augen oder lassen Sie den Blick auf einer freien Wand oder einer Schrankoberfläche ruhen. Dabei tun Sie – nichts. *Sie sitzen einfach da, atmen und nehmen wahr, was gerade ist.* Lassen Sie Gedanken kommen und gehen und verweilen Sie einfach so – eine Minute lang.

DIE LOCKERUNGSPAUSE

Eine Lockerungspause ist besonders empfehlenswert, wenn Sie viel Zeit am Schreibtisch sitzend verbringen. Sie nimmt nicht viel Zeit in Anspruch und sorgt doch dafür, chronischen Verspannungen vorzubeugen.

➲ Schieben Sie Ihren Stuhl zurück und nehmen Sie mit aufrechtem Rücken auf dessen Vorderkante Platz. Ihre Füße stellen Sie etwa schulterbreit und fest auf den Boden, die Arme ruhen locker auf den Oberschenkeln.

➲ Spannen Sie nun den Po und die Bauchmuskeln an. *Halten Sie die Spannung zwei Atemzüge lang und lassen Sie wieder locker.* Wiederholen Sie dies einige Male und ziehen Sie dabei Ihre Schultern etwas nach hinten.

➲ Nun kreisen Sie mit den Schultern, zunächst nach hinten, dann nach vorne. Wechseln Sie mehrmals die Richtung.

➲ *Strecken Sie Ihre Arme und Hände himmelwärts.* Dann ziehen Sie die Schulterblätter hinten sanft zusammen und drücken Sie die Arme ein wenig nach hinten, nur so weit, wie es angenehm ist. Halten Sie die Spannung einen Atemzug lang und lassen Sie wieder locker.

➲ Strecken Sie nun beide Arme nach vorne und umfassen Sie mit der rechten Hand das linke Handgelenk. Ziehen Sie ein wenig mit der rechten Hand am linken Arm, so, als wollten Sie den Arm verlängern. Wechseln Sie dann die Arme. Schütteln Sie danach beide Arme und Hände locker aus.

ERHOLUNG FÜR DIE AUGEN

Bei langen Arbeitsphasen am Bildschirm leiden insbesondere die Augen. Den Augen immer wieder kleine Entspannungspausen zu gönnen beugt nicht nur Rötungen, Brennen und Tränen vor, sondern wirkt auch beruhigend auf Geist und Psyche. Eine intensive und als sehr wohltuend empfundene Übung ist das Palmieren (von englisch „palm"= Handfläche), das Abdecken der Augen mit den Händen. Und so geht es:

➤ Setzen Sie sich bequem an einen Tisch oder Schreibtisch und stützen Sie die Ellbogen auf.

➤ Reiben Sie die Hände aneinander, bis sie sich warm und prickelnd anfühlen, und formen Sie eine Schale.

➤ Bedecken Sie nun mit den Handflächen Ihre geschlossenen Augen, ohne dabei die Augenlider zu berühren. Achten sie darauf, dass möglichst wenig Licht durch die Ritzen zwischen den Fingern fällt.

➤ Atmen Sie ruhig ein und aus und genießen Sie es, jetzt einmal nichts sehen und erkennen zu müssen.

Dann kehren Sie ganz langsam aus dem Dunkel zurück. Blinzeln Sie mehrmals, schauen Sie zunächst durch die nun leicht geöffneten Finger, bevor Sie die Hände voneinander lösen. Strecken Sie sich und gähnen Sie ausgiebig.

DER SONNE ENTGEGEN

Diese Übung hilft dabei, sich rasch zu vitalisieren. Sie eignet sich besonders gut für den Start in den Tag – vor dem Frühstück oder nach dem Eintreffen am Arbeitsplatz.

➜ Stellen Sie sich auf die Zehenspitzen, nehmen sie die Arme nach oben und strecken Sie sich, so weit es Ihnen angenehm ist, himmelwärts. *Stellen Sie sich dabei vor, wie eine Blume der Sonne entgegenzuwachsen.*

➜ Atmen Sie dabei ruhig ein und aus, und nehmen Sie wahr, wie sich Ihre Muskeln und Sehnen bei jedem Einatmen etwas mehr anspannen und dehnen.

➜ Dann lassen Sie die Arme sinken und kommen wieder auf den Fußsohlen zu stehen.

➜ Spüren Sie, wie fest Ihre Beine nun auf dem Boden stehen und wie locker sich Ihre Schultern und Ihr Nacken anfühlen.

Wiederholen Sie die Übung einige Male. *Genießen Sie die Dehnung und dieses Gefühl von Stabilität und Leichtigkeit.*

7.

7. Die Kunst, Nein zu sagen

ELEGANT, SYMPATHISCH, EINDEUTIG: FÜNF VORSCHLÄGE

Hilfsbereitschaft ist eine Tugend, die das Zusammenleben sehr erleichtern kann. Wer aber selbst viel um die Ohren hat, kann nicht umhin, Ansinnen anderer freundlich abzulehnen.

Viele sind es jedoch gewohnt, inneren Antreibern wie „Mach's allen recht!" oder „Sei stark!" zu folgen. Oder man fürchtet die negativen Konsequenzen, die eine Ablehnung vielleicht hätte.

Es fällt uns oft schwer, Nein zu sagen – und auch dabei zu bleiben.

Ein Ja scheint auf den ersten Blick so viel leichter zu sein. Man geht damit einem Konflikt aus dem Weg oder macht dem anderen eine Freude damit. Oft erhält man auch positive Resonanz wie beispielsweise: „Prima! Auf dich kann man sich verlassen!" oder „Was würden wir nur ohne Sie tun!" Soziale Anerkennung ist gut für das Selbstbewusstsein und gibt das Gefühl, dazuzugehören und für andere wertvoll zu sein.

Doch das ist nur die kurzfristige Sichtweise. Längerfristig laden wir uns damit oft zu viel auf und geraten unter Druck, wollen die in uns gesetzten Erwartungen unbedingt erfüllen, damit der andere nicht enttäuscht oder sauer reagiert. Und wir ärgern uns über uns selbst und nehmen es unterschwellig auch dem anderen übel, uns in diese Lage gebracht zu haben. Besser wäre es gewesen, sich nicht auf die Sache einzulassen, die nun so viel Kraft und Zeit schluckt. Doch wie sich das automatische Ja-Sagen abgewöhnen?

STRATEGIE 1: DAS VERTAGTE NEIN

Gerade wenn Sie sich häufig dabei ertappen, spontan etwas zuzusagen, und Ihnen erst hinterher bewusst wird, dass Ihnen das eigentlich nicht passt, ist ein innerliches „Stopp!" angesagt. Es empfiehlt sich, eine kleine Nachdenk-Pause zwischen dem Ansinnen und Ihrer Entscheidung einzuschalten. Viele unbedachte Zusagen kommen durch Überrumplung zustande und werden später bereut. Es kann sein,

- dass Sie erst wenn Sie Ihre Zeitplanung als Ganzes prüfen, erkennen, dass es nicht möglich ist, diese Aufgabe zu übernehmen;
- dass das, was der andere von Ihnen will, viel mehr Aufwand erfordert, als es auf den ersten Blick hin schien.

Statt also sofort zuzusagen, bitten Sie um Bedenkzeit und verschaffen Sie sich so etwas Zeit zum Nachdenken. Indem Sie dem anderen etwas sagen wie

„Ich werde mir überlegen, ob das geht",
„Ich sage Ihnen bis ... Bescheid, ob ich das übernehmen kann",

gewinnen Sie die erforderliche Zeit, um die Konsequenzen zu bedenken, so dass Sie eine Ablehnung dann auch so schlüssig begründen können, dass der andere sie gut annehmen kann.

STRATEGIE 2: DAS BEGRÜNDETE NEIN

Wenn Sie schon in dem Augenblick, wo der andere Sie fragt, wissen, dass Sie sein Ansinnen unmöglich in Ihrem ohnehin schon vollen Arbeitstag unterbringen können oder Sie für diese Zeit bereits andere Aktivitäten geplant haben, dann teilen Sie ihm dies mit – mit genau dieser Begründung. Sagen Sie dann etwas wie:

„Tut mir leid, das passt mir schlecht, weil …"
„Normalerweise gern, doch heute …"

Zeigen Sie Verständnis für seine Situation. Doch Sie dürfen auch Verständnis für die Ihre erwarten!

Wenn der andere Ihr Nein nicht akzeptieren will und sich aufs Bitten verlegt, signalisieren Sie Verständnis, aber bleiben Sie standhaft:

„Ich verstehe, dass dir das sehr wichtig ist, doch es geht nicht."

Lassen Sie sich nicht überreden, denn dann gäben Sie ihm das Signal, dass er bei Ihnen mit etwas Druck schließlich doch „fündig" wird. Zeigen Sie weiter Verständnis, lehnen Sie aber beharrlich ab und wiederholen Sie Ihre Begründung.

STRATEGIE 3: DAS GRUNDSÄTZLICHE NEIN

Ein Nein, das erstaunlich rasch akzeptiert wird. Es wirkt wie ein Bollwerk. Menschen kommen mit einer Absage leichter klar, wenn sie wissen, dass es nicht sie als Person betrifft, sondern dass es sich um ein Prinzip handelt:

„Ich schließe grundsätzlich keine Abonnements ab.".
„Ich hole meine Tochter grundsätzlich um halb sechs von der Tagesstätte ab."

STRATEGIE 4: DER TAUSCHHANDEL

Der Tauschhandel basiert auf der simplen Rechnung: Wenn etwas dazukommt, muss an anderer Stelle eine Entlastung stattfinden. Denn Zeit können wir nur einmal ausgeben.
Sie erklären sich also mit dem Anliegen des anderen einverstanden, stellen aber eine Bedingung:

„Ja, ich übernehme das, wenn Sie mich dafür bei ... entlasten."
„Das könnte ich einrichten, wenn du dafür ..."

Wenn der andere nun seinerseits Ja sagt, funktioniert der Deal. Erklärt er sich nicht bereit, haben Sie selbst einen guten Grund, das Ansinnen abzulehnen.

STRATEGIE 5: NEIN ZU SICH SELBST

Ein freundliches Nein zu sich selbst ist dann angebracht, wenn Sie bemerken, dass Sie, obwohl bereits ausgelastet, im Begriff sind, sich noch mehr aufzuladen. Sagen Sie dann innerlich zu sich, und wenn Sie alleine im Raum sind, ruhig auch mal laut:

„Nein, das tut mir jetzt nicht gut."
„Nein! Priorität hat jetzt ... Alles andere ist zu viel."

Das Nein zu sich selbst ist hier Ausdruck von Wertschätzung der eigenen Grenzen. Fragen Sie sich bei ganz alltäglichen Verrichtungen:

❓ *Will ich das jetzt?*

❓ *Weshalb tue ich es?*

❓ *Könnte nicht auch jemand anderes das erledigen?*

Je besser es Ihnen gelingt, die verschiedenen Formen des Nein in Ihr Verhaltensrepertoire zu integrieren, desto eher merken Sie, wann andere oder Sie selbst im Begriff sind, Ihre Grenzen zu überschreiten. So können Sie immer frühzeitiger gegensteuern.

FREIRAUM SPÜREN

Ihre Fähigkeit, Nein zu sagen, können Sie auch gut mit der folgenden Übung unterstützen. Sie brauchen dazu nur fünf bis zehn Minuten Zeit für sich selbst und genug Raum zum Ausbreiten der Arme.

> *Stellen Sie sich fest und gerade hin,* schließen Sie die Augen und spüren Sie, wie Sie mit jedem Atemzug mehr zur Ruhe kommen.

> *Konzentrieren Sie sich auf Ihren Atemfluss* und stellen Sie sich vor, Ihr Atem würde durch Ihren Körper hindurchfließen, von oben nach unten bis hin zu den Fußsohlen – und noch weiter bis in den Boden hinein.

> *Heben Sie nun die Arme seitlich* und drehen Sie den Körper langsam nach links und dann langsam nach rechts. Die Füße bleiben fest auf dem Boden stehen.

> *Fühlen Sie den Raum,* der um Sie herum entsteht.

> *Sagen Sie sich,* während Sie Ihren Körper langsam abwechselnd nach rechts und nach links drehen: „Ich bin ich und ich habe meinen Raum, der nur mir gehört."

> *Atmen Sie ruhig und tief weiter.* Spüren Sie, wie der Atem immer tiefer und ruhiger wird.

Wer dieses „Ich-bin-ich-Gefühl" regelmäßig übt, tut sich leichter damit, sich abzugrenzen.

8.

8. Niemand ist eine Insel

PFLEGEN SIE IHR SOZIALES NETZWERK

Fehlender Rückhalt in Partnerschaft und Familie und spärliche soziale Kontakte sind entscheidende Faktoren beim Fortschreiten eines Burnouts. Wer sich dauergestresst und überfordert fühlt, zieht sich oft von anderen zurück, weil er Gespräche und gemeinsame Aktivitäten nur noch als belastend und anstrengend empfindet. Der Weg des Rückzugs scheint im Moment zu entlasten – längerfristig gesehen führt soziale Isolation jedoch in eine Sackgasse.

Untersuchungen zeigen, dass diejenigen Menschen am besten mit Stress und Belastungen umgehen können, die gut in ihrer Familie und einen Kreis von Freunden integriert sind. Wir brauchen andere Menschen – auch für unsere Gesundheit und unser Wohlbefinden. Dabei ist nicht eine möglichst große Zahl enger Beziehungen ausschlaggebend, sondern ihre Qualität.

„Wirklich gute Freunde sind Menschen,
die uns ganz genau kennen
und trotzdem zu uns halten."

Marie von Ebner-Eschenbach

In guten und in schlechten Zeiten

Gute Beziehungen und Freundschaften haben eine sehr entspannende und entlastende Wirkung und steigern das Glücksempfinden. Wie Studien belegen, stellen sie einen wesentlichen Faktor für unsere psychische Stabilität dar. Bei Angsterkrankungen, psychosomatischen Störungen und Depressionen spielt immer auch ein Defizit an freundschaftlichen Bindungen mit.

Doch Beziehungen und Freundschaften fangen an zu kränkeln, wenn wir uns zu wenig um sie kümmern. Wenn wir das Zusammensein mit den Menschen, an denen uns liegt, hintanstellen, schaden wir uns damit letztlich selbst. Freundschaften leben nun mal von einem intensiven Austausch – vor allem auch im Gespräch. Hier können wir „auftanken", werden verstanden, können Vertrauen fassen, von Erfahrungen profitieren und so manchen guten Tipp mit auf unseren Weg nehmen. Und wir können immer wieder herzhaft lachen!

Bringen Sie neues Leben in Ihre Beziehungen und Freundschaften! Was haben Sie früher zusammen unternommen? Wo würden Sie gerne mal wieder hingehen? Was interessiert Sie, wofür sich jemand von Ihren Freunden auch begeistern könnte? Das muss nichts Besonderes oder Ausgefallenes sein, vielleicht ist es auch nur ein Stadtbummel oder ein Besuch in einer bestimmten Eisdiele. Reservieren Sie sich Zeit dafür.

Meine fünf wichtigsten Beziehungen und Freundschaften:	Wie ich dieser Beziehung oder Freundschaft mehr Raum geben werde:
1	**→**
2	**→**
3	**→**
4	**→**
5	**→**

9.

9. Ein Bild vom guten Leben

DEN TRÄUMEN UND VISIONEN GESTALT GEBEN

Wenn wir unter Dauerstress stehen, verlieren wir oft den Blick für unsere tatsächlichen Prioritäten, nämlich die, die für ein glückliches und zufriedenes Leben wichtig sind. Wir sehen dann „den Wald vor lauter Bäumen nicht mehr" und verzetteln uns in tausend Nebensächlichkeiten.

> „Nachdem wir das Ziel endgültig aus den Augen verloren hatten,
> verdoppelten wir unsere Anstrengungen."
>
> Mark Twain

Beschäftigt damit, den eigenen Ansprüchen und denen anderer zu genügen, versäumen Sie es vielleicht, zu sehen, wohin die Reise eigentlich tatsächlich geht. Ob die Richtung noch stimmt. Ob Sie noch „auf Kurs" sind oder sich vielleicht eher von dem wegbewegen, was Sie irgendwann einmal als wichtig und wertvoll für sich selbst erkannt hatten.

Malen Sie Ihr Bild von einem guten Leben. Halten Sie inne und vergegenwärtigen Sie sich, was Ihre tatsächlichen Prioritäten sind.

LEITFRAGEN FÜR EIN NEUES LEBENSBILD

? Was wäre Ihnen besonders wichtig?

? Welche Menschen wären Ihnen wichtig?

? Was würden Sie beibehalten?

? Was würden Sie nicht mehr tun?

? Was wäre Ihnen nicht mehr wichtig?

? Womit würden Sie viel Zeit verbringen wollen?

? Womit würden Sie sich besonders gerne beschäftigen?

? Wie würde Ihr Tagesablauf aussehen?

? Was würden Sie besonders genießen?

? Welche Träume, Ideen und Vorstellungen
gehören für Sie zu einem erfüllten Leben?

Achten Sie dabei besonders auf Ihre Gefühle. Bei welcher Vorstellung wird Ihnen warm ums Herz, wobei spüren Sie eine große innere Zustimmung? Notieren Sie sich diese Punkte. Vielleicht zeichnen Sie Ihr Zukunftsbild oder Sie gestalten eine Collage. Suchen Sie sich dann ein Symbol, dass ihr Inbild repräsentiert, und tragen Sie es immer bei sich. Eine Vision ist wie ein Kompass. Sie hilft Ihnen, sich auf das zu konzentrieren, was Ihnen wirklich wichtig ist und was Sie glücklich macht.

Wachsen Sie Ihrem Inbild entgegen!

Buchhinweise

Matthias Burisch: Das Burnout-Syndrom – Theorie der inneren Erschöpfung. Springer Verlag 2010.

Klaus Linneweh, Armin Heufelder, Monika Flasnoecker: Balance statt Burn-out. Zuckschwerdt 2010.

Robert Sonntag: Blitzschnell entspannt. Trias 2009.

Jörg W. Knoblauch, Johannes Hüger, Marcus Mockler: Dem Leben Richtung geben. Heyne 2009.

SIGRID ENGELBRECHT

ist freiberufliche Mental- und Wellnesstrainerin, gilt als Expertin
für Kreativität und Persönlichkeitsentwicklung. Als Coach begleitet
sie Menschen in beruflichen und persönlichen Veränderungs-
prozessen.

Die gelernte Diplom-Designerin, Malerin und elffache Buchautorin
ist eine inspirierende Keynote-Rednerin im deutschsprachigen
Raum.

© KREUZ VERLAG
in der Verlag Herder GmbH, Freiburg im Breisgau 2013
Alle Rechte vorbehalten
www.kreuz-verlag.de

Umschlaggestaltung: agentur IDee
Umschlagmotiv: © agentur IDee
Autorenfoto: © Art & Photo Urbschat, Berlin

Innengestaltung und Satz: agentur IDee · www.agenturIDee.de
Herstellung: Graspo, Zlín

Gedruckt auf umweltfreundlichem, chlorfrei gebleichtem Papier
Printed in the Czech Republic

ISBN 978-3-451-61187-2

Gut leben

Sigrid Engelbrecht:
64 SEITEN FÜR GELASSENHEIT

64 Seiten, gebunden,
€ 9,99 / SFr 14,90 / €[A] 10,30
ISBN 978-3-451-61188-9

Sigrid Engelbrecht:
64 SEITEN FÜR ENTSPANNUNG
64 Seiten, gebunden,
€ 9,99 / SFr 14,90 / €[A] 10,30
ISBN 978-3-451-61162-9

Sigrid Engelbrecht:
64 SEITEN GEGEN ANGST
64 Seiten, gebunden,
€ 9,99 / SFr 14,90 / €[A] 10,30
ISBN 978-3-451-61160-5

Kerstin Jeding:
64 SEITEN FÜR GUTEN SCHLAF
64 Seiten, gebunden,
€ 9,99 / SFr 14,90 / €[A] 10,30
ISBN 978-3-451-61105-6

Kerstin Jeding:
64 SEITEN GEGEN STRESS
64 Seiten, gebunden,
€ 9,99 / SFr 14,90 / €[A] 10,30
ISBN 978-3-451-61106-3